Hani DANIEL

Offense et souffrance

Tome I

2014

La Loire à mes pieds coulant, fuyant …

Ma gloire aussi

Le ciel à mes yeux s'assombrissant, s'abattant …

Mes rêves aussi

A l'approche de la pluie

Deux vols d'oiseaux cherchent un abri

L'un bat les ailes vers un saule pleureur

Alors que moi, transi, je ressasse mon malheur

L'autre se précipite en direction d'un vieux chêne

Sans daigner me regarder moi qui gis sous les chaînes

Plus loin, un cygne solitaire avance pour s'abriter sous le pont de pierre

Et moi le sans-parapluie, le sans-abri, l'âme meurtrie

Pourquoi n'ai-je pas un cœur de pierre ?

Chagrin, que sais-tu de ma souffrance ?

Qui es-tu face à mon insignifiance ?

Détresse, es-tu synonyme de ma faiblesse ?

Ou n'es-tu que l'écho de ce qui me blesse ?

Fêlure, fracture, rupture

C'est ce que tu ignores des tourments du paria,

C'est ce qui résulte de celui qu'on a pris pour un oblat

Le corps allongé, le sang vidé

Ce n'est pas d'un membre qu'il a été amputé

C'est toute son âme qui a été déracinée

Destin brisé quoique, dit-on, déjà tracé

Avenir insensé quoique, paraît-il, encore à supporter

Figé sur toi, croix de mon propre choix et avec joie

Ravi de ce que je reçois de toi qui ne me connais même pas

Avide de t'avoir encore plus en moi, j'ai tourné mon regard vers toi

Ne demandant rien d'autre que ta foi, moi qui ai toujours cru en toi

Cependant, tu n'as fait que me prouver que je ne compte pas pour toi

Et moi, je te promets que tu seras paradoxalement toujours ancrée en moi

Tu n'écoutes pas, surtout pas

Le bruit de mes pas qui viennent vers toi

Tu ne vois pas, absolument pas

Mes bras toujours tendus vers toi

Es-tu sourde et aveugle ?

Non, c'est plutôt moi qui n'existe pas

On me dit que tu es une personne

Je te croyais une valeur

On me dit que tu as une âme et un cœur

Je n'ai vu que la rancœur et la rigueur

De tes ravisseurs

Personne farfelue, valeur absolue

Face à toi, je me sens indélébilement abattu

Ils ont décidé de nous séparer

Ignorant qu'entre nous un lien est bien noué

Ils ont voulu m'écraser

Oubliant que tu seras toujours là pour me sauver

Ils pensent qu'ils te détiennent

Ne sachant que tu es mienne

Ils se croient teneurs de tes ficelles

Incapables de sentir combien tu crois en tes fidèles

C'est le combat entre le matériel et le spirituel

Ton sang coule dans mes veines

Ton souffle caractérise mon haleine

Entends-tu ton nom que je répète comme une rengaine ?

Sais-tu la grandeur de ma peine ?

Mes larmes brillent-elles dans tes yeux ?

Ton cœur joue-t-il un air malheureux ?

Oui je sens tes soupirs effleurer mes cheveux

Blanchis par le mal que nous avons subi tous deux

Comme une croix sans christ,

Un atterrissage sans piste

Comme un livre sans mots,

Une rivière sans eaux

Mon nom s'efface de la liste

Livré à un sort encore plus triste

L'âme en lambeaux

Les larmes coulant à flots

Je m'assieds au piano

Comme on se recueille devant un tombeau

Je martèle les touches et guette en vain l'écho

Comme on pleure l'absence de son héros

Je lui tourne alors le dos

Sans le moindre propos

Et m'en vais le cœur gros

Pour creuser mon propre caveau

A ceux qui sont morts sur des croix ignorées

A ceux qui sont morts avant même d'être nés

A ceux qui vivent croyant encore triompher

A ceux qui meurent heureux d'avoir été épargnés

Il est des êtres qui ont vécu répudiés

Et qui meurent pourtant d'une mort insensée

Loin des yeux, de plus en plus proche du cœur

Devant mes yeux, tu parais d'une extrême pâleur

Es-tu là ou c'est moi qui suis encore rêveur ?

Suis-je de ton monde ou d'un indéfinissable ailleurs ?

Seule chose sûre, sans toi, je suis un corps sans cœur

Miroir, pourquoi ne reflètes-tu pas mon image ?

Es-tu complice de celle qui me prend pour un mirage ?

Et toi que tout le monde voit reflétée dans mon regard

Ne peux-tu pas comprendre mes sentiments à ton égard ?

Ne vois-tu pas mes yeux qui te fixent sans jamais être hagards ?

Monstre aux yeux indifférents

Je ne suis qu'un amoureux peu exigeant

Tu fais semblant de ne pas comprendre

Je fais semblant de ne rien dire

Entre l'abstention de compréhension

Et l'éloquence du silence

Nos cœurs s'aiment comme on aime à vingt ans

Et nos yeux le sèment à tout vent

Sommes-nous des prétendus ignorants,

Entourés de gens en nous de plus en plus croyant ?

Ou plutôt de simples innocents

Visés par des monstres aux regards dévorant ?

Je pense à toi comme on ne peut penser à soi

Je te vois là où tu n'es pas et te parle mais tu n'entends pas

Mais je ne me lasse pas

Tout en sachant que je n'ai jamais existé pour toi

J'avance alors mes mains et te touche mais tu ne les sens pas

Pourtant je t'enlace et mon cœur tremble de joie

Puis te lâche me contentant de vivre avec ton aura

Tu m'assassines avec ton silence

Mais tu me ranimes avec ta présence

Je te poursuis avec mes sentiments intenses

Sans jamais espérer réduire les distances

Et de ceux qui nous importunent avec leurs exigences

Nous triomphons avec notre humble transparence

Comme pour glorifier la laideur du monde

On écrit des poèmes immondes

Comme pour prouver la bassesse de l'homme

On blesse, on tue, on crie ce que nous sommes

Et comme pour me permettre de continuer à espérer

Tu réapparais puis disparais garantissant pourtant ma raison d'exister

De peur de te perdre, je fais semblant de ne pas exister

De peur de me perdre, tu fais semblant de ne pas m'aimer

Puis, de peur de ne plus exister,

Je viens me ranimer auprès de ton âme qui ne m'a jamais délaissé

Et toi, de peur de te démasquer,

Tu me nies et t'enfuis mais tu emportes avec toi mon cœur brisé

Mon avion décolle alors que mon regard reste pointé vers le sol

Tandis que toi, transie, tu n'accordes aucune importance à mon envol

Serait-ce parce que tu sais qu'il ne s'agit point d'abandon

Malgré le mouvement ascendant de mon avion

Puisque ton âme m'accompagne et soulage ma peine de migrant ?

Quand tu n'es pas là je te cherche au fond de moi avec un grand émoi

Je t'appelle mais l'écho ne résonne qu'en moi

Et j'insiste jusqu'enfin te recrée et te vois en plein éclat

Puis me secoue et m'interroge de vive voix :

Me vois-tu comme je te vois

Ou suis-je atteint de paranoïa ?

www.ingramcontent.com/pod-product-compliance
Lightning Source LLC
Chambersburg PA
CBHW060608030426
42337CB00019B/3666